AF591802

VENTE

du Mardi 30 Avril 1907

Hôtel Drouot, Salle n° 9

ESTAMPES

ANCIENNES

des Ecoles Française et Anglaise

du XVIIIe siècle

PIÈCES SUR LES SPORTS

EAUX-FORTES MODERNES

DESSINS

Avril 1907

Commissaire-Priseur

Me F. LAIR-DUBREUIL

Expert

M. Paul ROBLIN

CATALOGUE
D'ESTAMPES
ANCIENNES

Imprimées en noir et en couleurs,

des Ecoles Française et Anglaise

DU XVIIIe SIÈCLE

Par ou d'après BARTOLOZZI, BAUDOUIN, BOILLY, CARESME,
COUSINS, DEBUCOURT, FRAGONARD, Mlle GÉRARD,
HUET, JAZET, ANGELICA KAUFFMANN,
KOBELL, LANCRET, LAVREINCE, MOREAU LE JEUNE,
SCHALL, TAUNAY, WATTEAU, etc., etc.

PIÈCES SUR LES SPORTS

Eaux-Fortes et Lithographies

Par BRACQUEMOND, CHAMPOLLION, FANTIN-LATOUR,
MILLET, MILIUS, GUSTAVE MOREAU, etc.

DESSINS

DONT LA VENTE AUX ENCHÈRES AURA LIEU

Hôtel des Commissaires-Priseurs, Rue Drouot, N° 9
Salle N° 9.

Le Mardi 30 Avril 1907, à deux heures.

Commissaire-Priseur :
Me F. LAIR-DUBREUIL
6, Rue Favart

Expert :
M. PAUL ROBLIN
65, Rue Saint-Lazare

EXPOSITION PUBLIQUE

Le Lundi 29 Avril 1907, de deux heures à six heures.

CONDITIONS DE LA VENTE

Elle sera faite au comptant.

Les Acquéreurs paieront *dix pour cent* en sus des enchères.

L'Expert se réserve la faculté de rassembler ou de diviser les lots, et remplira, aux conditions d'usage, les commissions que voudront bien lui confier MM. les amateurs.

DÉSIGNATION

DESSINS

ANONYME

1. Deux dessins encadrés.

ATHALIN (L.)

2. Paysage.

Belle aquarelle signée et datée 1841.

BRACQUEMOND

3. Deux canards.

Plume. Signé avec dédicace.

DESRAIS (Ch. Cl.)

4. Costume de femme, vue de dos, coiffée d'un chapeau à plumes.

Plume.

ECOLE FRANÇAISE (XVIIIe siècle)

5. Jeune Tambourinaire.

Crayon noir rehaussé de blanc sur papier bleu.

ECOLE DE 1830

6. Militaires blessés.

Aquarelle rehaussée de gouache.

FRAGONARD (attribué à H.)

7. Deux personnages debout devant une vasque.

Sépia.

GAVARNI

8. Scène de Carnaval.

Aquarelle signée.

NICOLLE (V. J.)

9. Marché sur une grande place.

Aquarelle signée à gauche.

OUDRY (J.-B.)

10. Groupe de personnages réunis dans un parc.

Contre-épreuve à la sanguine.

RADEMAKER

11. Paysage avec monuments antiques et personnages.

Encre de Chine sur traits de bistre. Signé.

REGNAULT (Hyp.)

12. Place publique en Italie.

Aquarelle.

STOW (E.)

13. Le Pont neuf à Paris.

Aquarelle signée.

VERNET (Carle)

14. Femme dessinant.

Crayon noir. Signé des Initiales.

ESTAMPES

15. Un lot d'affiches.

16. Cinq gravures. Sujets religieux et autres.

17. Neuf gravures. Reproductions de tableaux flamands et hollandais, tirage postérieur.

18. Trois gravures encadrées. Portrait de Salomon Gessner et la Mort d'Abel. Epreuves imprimées en couleur.

19. Treize eaux-fortes modernes par ou d'après Bracquemond, Champollion, Damman, Le Coulteux, Millet, Milius, Gustave Moreau, etc. Epreuves d'artistes, la plupart signées. (Seront vendues séparément).

BARTOLOZZI (Fr.)

20. *Marie-Christine*, Archiduchesse d'Autriche, Duchesse de Saxe-Teschen, Gouvernante générale des Pays-Bas. In-fol. d'après Roslin.

Très belle épreuve imprimée en bistre. Marges.

BAUDOUIN (d'après P. A.)

21. Le Carquois épuisé, par N. De Launay (E. B. 11).

Très belle épreuve, sans marges, encadrée.

BOILLY (d'après L.)

22. Le Cadeau, par J. Bonnefoy.

Très belle épreuve imprimée en couleurs. Marges. (Petite restauration dans la marge du bas à gauche).

23. Le Cadeau.—Qu'elle est gentille. Deux pièces in-fol. faisant pendants, gravées par Bonnefoy.

Très belles épreuves avec la grande lettre et avant les noms d'artistes. Grandes marges.

24. L'Optique, par F. Cazenave.

Très belle épreuve en couleurs. Marges.

25. La Précaution, par S. Tresca.

Très belle épreuve. Petites marges.

26. La Précaution, par S. Tresca.

Très belle épreuve. Marges.

27. Qu'elle est gentille, par Bonnefoy, in-fol.

Très belle épreuve imprimée en couleurs. Cadre ancien en bois sculpté et doré.

BOREL (d'après Ant.)

28. Tableaux des Français. Six pièces in-4 en larg.

Epreuves à toutes marges.

BRACQUEMOND (F.)

29. Portrait d'Erasme, d'après Holbein (H. B. 39).

Très belle épreuve avant toutes lettres. Signée avec dédicace.

30. *Granger* (Madame), d'après Ingres. (56)

Superbe épreuve du 1er état à l'eau-forte. Signée par l'artiste avec dédicace.

31. Le Corbeau.

Belle épreuve sur papier de Chine.

CARESME (d'après Ph.)

32. Le Réveil du Carlin, par Carrée.

Superbe épreuve imprimée en couleurs. Très grandes marges.

CHALLE (d'après M. A.)

33. Jupiter et Léda, par J.-B. Tilliard, in-fol.

Très belle épreuve. Marges.

CHARLET

34. Le Grenadier de Waterloo. (De la Combe 38 R.).

Très belle épreuve. Grandes marges.

COUSINS (Samuel)

35. *Hope* (Master), in-4 d'après Sir Thomas Lawrence.

Très belle épreuve avec la petite lettre.

36. *Lambton* (Master), d'après Sir Thomas Lawrence, 1827, in-4 à la manière noire.

Très belle épreuve du 3e état avec les mots : *Printed by W. Chatfilld and* c°, effacés. Très grandes marges.

DEBUCOURT (P. L.)

37. Le Menuet de la Mariée (M. F. 8).

Très belle épreuve imprimée en couleurs. Sans marges Cadre ancien en bois sculpté.

38. La Rose mal défendue (27).

Très belle épreuve sans marges. Cadre ancien en bois sculpté et doré.

DEBUCOURT (P. L.)

39. La Chasse, d'après C. Vernet. In-fol. en larg. (141).

Superbe épreuve imprimée en couleurs avant toutes lettres. Seulement les noms d'artistes tracés à la pointe. Très grandes marges.

40. Route de Poste, d'après C. Vernet (406).

Belle épreuve en couleurs. Marges.

41. Mort du Prince Joseph Poniatowsky en traversant l'Elster, le 19 octobre 1813, d'après C. Vernet. Gr. in-fol. en larg. (421).

Très belle épreuve imprimée en couleurs. Marges.

42. Ulysse secouru par la Princesse Nausica. — Ulysse est reconnu par Euryclée. — Ulysse se préserve des enchantements de Circé. Trois pièces in-fol. en larg., d'après Lordon (513, 514, 516).

Belles épreuves imprimées en couleurs. Marges.

DESCOURTIS

43. Vues de Suisse. Quatre pièces.

Epreuves imprimées en couleurs.

DUTAILLY (d'après)

44. Départ pour la Chasse. — Le Retour de la Pêche. Deux pièces ovales en larg. gravées par la citoyenne Montalant et Masquelier.

Très belles épreuves en couleurs. Grandes marges.

ECOLE ANGLAISE

45. Cécilia Evrard. — Sophronia. Deux pièces in-4 ovales, imprimées en couleurs.

Très belles épreuves à toutes marges.

ECOLE FRANÇAISE, XVIIIe SIÈCLE

46. L'Heureuse Union !.. — L'Heureux retour ! Deux pièces ovales faisant pendants.

Très belles épreuves imprimées en couleurs, rognées autour du lavis. Cadres anciens en bois sculpté et doré.

47. La Visite à la grand'mère, petit ovale in-4 en larg. gravé au pointillé. Sans noms d'artistes.

Superbe épreuve avant toutes lettres imprimée en couleurs, très grandes marges. Cadre en bois sculpté et doré.

FANTIN-LATOUR

48. L'Enfant Jésus. — Les Serfs du Jura. Deux lithographies in-4.

Belles épreuves avant la lettre.

FORAIN

49. L'Attente. Lithographie in-4.

Très belle épreuve, tirage à 50 exempl. n° 27. Signée par l'artiste.

FRAGONARD (d'après H.)

50. Le Baiser à la dérobée, par N. F. Regnault, in-fol. en larg.

Très belle épreuve, cadre en bois sculpté et doré.

GAUTIER DAGOTY (Père)

51. *Voltaire* (Arouet de). In-4, d'après le tableau de Gautier Dagoty fils.

Très belle épreuve imprimée en couleurs et publiée dans la *Galerie Universelle. Juin 1772*. Marges, encadrée.

GÉRARD (d'après Mlle)

52. L'Etude de la Musique. In-fol.

Belle épreuve imprimée en couleurs. Sans marges. Cadre ancien, en bois sculpté et doré.

GÉRARD (Mlle) LE PRINCE (d'après)

53. Le Bonheur du Ménage. — Regrets mérités. Deux pièces en larg. gravées par N. De Launay.

Belles épreuves, marges.

HUET (d'après J.-B.)

54. Jeune femme en buste, la poitrine découverte, un ruban rose dans les cheveux, par L. M. Bonnet.

Très belle épreuve imprimée en couleurs. Sans marges. Cadre ancien en bois sculpté et doré.

55. La Sculpture, par Mallet, in-4 en larg.

Belle épreuve imprimée en couleurs. Marges.

JAZET

56. Bivouac de Cosaques aux Champs-Elysées à Paris, in-fol. en larg., d'après Sauerweid.

Très belle épreuve avant toutes lettres imprimée en couleurs. Grandes marges.

JOSI (C.)

57. *Cruys* (Samuel). In het Karakter van Flodoardo, in het Freurspel Aballino, in-fol. gravé au pointillé d'après C. H. Hodges.

Très belle épreuve en couleurs. Marges. Cadre ancien en bois sculpté et doré.

KAUFFMANN (d'après Ang.)

58. Abelard and Eloisa surpris'd by Fulburd, par Scorodomoff, en médaillon.

Très belle épreuve imprimée à la sanguine. Petites marges. Cadre en bois doré.

KAUFFMANN (d'après Ang.)

59. L'Amour désarmé par les Grâces, par Scorodomoff, en médaillon.

Très belle épreuve imprimée à la sanguine. Petites marges. Cadre en bois doré.

60. L'Amour moqueur, en médaillon, sans nom de graveur.

Très belle épreuve imprimée à la sanguine. Petites marges. Cadre en bois doré.

61. Cupid Struggling with the Grâces to recover his Arrows, par Scorodomoff, en médaillon.

Très belle épreuve imprimée à la sanguine. Petites marges. Cadre en bois doré.

62. Dormis innocuus ; Vix impune experge feceris. par Wynne Ryland, en médaillon.

Très belle épreuve imprimée à la sanguine. Petites marges. Cadre en bois doré.

63. Etiam Amor criminibus Plectitur, par Wynne Ryland, en médaillon.

Très belle épreuve imprimée à la sanguine. Petites marges. Cadre en bois doré.

64. Juno cestum a venere postulat, par Wynne Ryland, en médaillon.

Très belle épreuve imprimée à la sanguine. Petites marges. Cadre en bois doré.

KAUFFMANN (d'après Ang.)

65. L'Offrande à l'Amour, par Scorodomoff, en médaillon.

Très belle épreuve imprimée à la sanguine. Petites marges. Cadre en bois sculpté.

66. L'Offrande à Priape, par Wynne Ryland, en médaillon.

Très belle épreuve imprimée à la sanguine. Petites marges. Cadre en bois doré.

67. Porrigit hic veneri lucida dona Pâris, par Wynne Ryland, en médaillon.

Très belle épreuve imprimée à la sanguine. Petites marges. Cadre en bois doré.

68. Le Triomphe de l'amour, par Scorodomoff, en médaillon.

Très belle épreuve imprimée à la sanguine. Petites marges. Cadre en bois doré.

69. Vénus sur son char est traînée par des Amours, par Wynne Ryland, en médaillon.

Très belle épreuve imprimée à la sanguine. Petites marges. Cadre en bois doré.

KOBELL (d'après W.)

70. Tableau général de la Cavalerie Autrichienne. *Dédié à Son Altesse Impériale l'Archiduc Charles, généralissime de l'Armée, etc., etc.* In-fol. en larg. par Heinr. Mansfeld. *Publié à Vienne chez Artaria.*

Très belle épreuve imprimée en couleurs. Cadre ancien en bois sculpté et doré.

LANCRET (d'après N.)

71. *Sallé* (Mlle), danseuse, in-fol. en larg., par N. de Larmessin.

Très belle épreuve. Cadre en bois sculpté et doré.

LAVREINCE (d'après Nic.)

72. L'Aveu difficile, par F. Janinet, 1787 (E. B. 8).

Très belle épreuve imprimée en couleurs. Marges. Cadre ancien en bois sculpté et doré.

73. La Comparaison, par Fr. Janinet, 1786 (12).

Très belle épreuve imprimée en couleurs. Marges. Cadre ancien en bois sculpté et doré.

74. L'Heureux moment, par N. de Launay (28).

Belle épreuve. Petites marges.

LAVREINCE (d'après Nic.)

75. Le Lever des ouvrières en modes, par Le Campion (36 bis).

Très belle épreuve imprimée en couleurs. Sans marges.

76. Le Restaurant, par Deny (53).

Belle épreuve. Sans marges.

77. Les Soins mérités, par N. de Launay (60).

Très belle épreuve, sans marges, encadrée.

LEGRAND FURSY (Excudit)

78. Caroline de Lichtfield, par Elie Auvray, 1788, en médaillon.

Très belle épreuve imprimée en couleurs. Grandes marges. Cadre ancien en bois sculpté et doré.

LEVILLY (J. P.)

79. L'Enlèvement, in-4.

Belle épreuve imprimée en couleurs. Petites marges.

MARILLIER, MOREAU, LEFEVRE

80. Dix-huit vignettes pour les œuvres de Berquin, Rousseau, Manon Lescaut, etc.

Belles épreuves, réunies dans trois cadres.

MELLING (d'après)

81. Passage du Roi sur le Pont-neuf, lors de son entrée à Paris le 3 mai 1814. Le trait par Blanchard et Normand fils, terminé par Piringer, gd in-fol. en larg.

Très belle et rare épreuve imprimée en couleurs, avec la lettre tracée. Grandes marges.

MOREAU LE JEUNE (J. M.)

82. Arrivée de la Reine à l'hôtel de Ville, in-fol. en larg.

Très belle et rare épreuve avant la lettre. Grandes marges. Cadre ancien en bois sculpté et doré.

83. La Course de chevaux, par H. Guttenberg.

Belle épreuve. Grandes marges. Cadre ancien en bois sculpté et doré.

MOREAU (d'après)

84. Ceremony of Te Deum by the Allied Armies on the Square of Louis XV à Paris, the 10th April 1814, in-fol. en larg.

Très belle épreuve en couleurs. Grandes marges.

MORLAND (d'après G.)

85. Intérieur d'Ecurie et pendant. Deux pièces in-folio.

Très belles épreuves en couleurs. Sans marges.

PATAS

86. *Colombe l'Aînée* (Mlle), Pensionnaire du Roy, gd in-4.

Très belle épreuve. Marges. Cadre ancien en bois sculpté et doré.

PERISSIN

87. Le Tournoy où le Roy Henri II fut blessé à mort le dernier de Juin 1559, in-fol.

Belle épreuve dans un cadre ancien en bois sculpté et doré de l'époque Louis XIV.

PICOT (V. M.)

88. Les Plaisirs de l'Été, d'après Ant. Watteau.

Belle épreuve. Grandes marges.

SABLET (d'après F.)

89. Maison Philantropique de Paris, 1781. *Deuxième ouvrage de l'auteur dédié par la Reconnaissance à la Société philantropique de Paris*, in-fol. par L. Perrot, 1786.

Très belle épreuve imprimée en couleurs. Grandes marges.

SCHALL (d'après F.)

90. Le Premier baiser de l'Amour, par Aug. Le Grand.

Très belle épreuve. Marges. Cadre ancien en bois sculpté et doré.

SCHALL (d'après J. K.)

91. Histoire de Paul et Virginie, suite de six pièces in-fol. en larg. par Descourtis.

Belles épreuves imprimées en couleurs.

SERGENT (A.-F.)

92. *Necker* (M^r) gravé d'après le tableau original de M. Duplessis, peintre du Roi, sous la direction de St-Aubin, graveur du Roi (E. B. 349)

Superbe épreuve imprimée en couleurs du 2e état, avec le nom écrit en lettres grises et avant toutes lettres. Grandes marges. Rare.

SHERVIN (d'après J. K.)

93. La Danse de Village, par Chaponnier, in-fol. en larg.

Très belle épreuve imprimée en couleurs et rehaussée. Grandes marges. Cadre en baguette dorée.

94. Le Village abandonné, par Chaponnier, in-fol. en larg.

Très belle épreuve imprimée en couleurs. Cadre en baguette dorée.

SICARDI (d'après)

95. Le Petit gourmand pris en défaut, in-fol. par Mécou.

Très belle épreuve imprimée en couleurs.

SPORTS (Pièces sur les)

96. *St Alban grand steeple chase.* Suite de quatre pièces pet. in-fol. en larg.

Belles épreuves en couleurs. Grandes marges.

97. *Aylesbury grand steeple chase.* February 9th 1866. The Start. — The Brook scène. — The Lane scène. Suite de trois pièces gravées par C. Bentley, d'après W. Alken, pet. in-fol. en larg.

Belles épreuves coloriées. Grandes marges.

98. *The Aylesbury grand steeple chase,* planches III et IV. Deux pièces in-fol. en larg, par J. Harris d'après J. Pollard.

Très belles épreuves en couleurs. Marges.

99. Pulling up to un-skid, par J. Harris d'après C. C. Henderson. *Fores's coaching recollections,* in-fol. en larg.

Très belle épreuve en couleurs. Grandes marges.

100. Going to Cover. — Going to the Moors. Deux pièces in-fol. en larg. faisant pendants, gravées par J. Harris d'après C. C. Henderson. *Fores's sporting traps.*

Très belles épreuves en couleurs. Grandes marges.

SPORTS (Pièces sur le ·)

101. The Flying Dutchman, par J. Harris d'après J. F. Herring, 1849. *Fores's celebrated Winners pl.* 2, gd in-fol. en larg.

Très belle épreuve en couleurs. Grandes marges.

102. Poulin-Colt. — Sir David by Trumpator. — Morel by Sorcerer. — Pope by Whiskey. Plover by Sir Peter. — Juniper by Whiskey. Suite de six pièces in-fol. en larg. Lithographiées par A. Dubost, d'après ses tableaux peints à Newmarket en 1809.

Très belles épreuves coloriées, grandes marges, encadrées.

103. The New race Stand, Brighton. Lithographie de E. Walker, d'après S. Alkin. Août 1851, pet. in-fol. en larg.

Très belle épreuve, coloriée.

104. Horce racing nº 2, gravé par J. Godby et H. Merke, d'après Samuel Howitt, pet. in-fol. en larg.

Très belle épreuve en couleurs. Marges.

105. Le Départ de la Course. — Cheval refusant de sauter. — Course au clocher. — Retour de la course. Suite de quatre lithographies in-fol. en larg. d'après Alfred de Dreux.

Très belles épreuves, coloriées.

SPORTS (Pièces sur les)

106. Voitures et Equipages. Suite de treize pièces gr. in-4 en larg., d'après C. B. Newhouse, 1834-1835.

Très belles épreuves encadrées. Grandes marges.

107. La Chasse, par Jazet, d'après C. Vernet.

Belle épreuve. Marges.

108. Bay Malton remportant la Bourse commune de 500 guinées chacune sur les Courses *King Hérod* et *Askam*, gravé à la manière noire par R. Hen, d'après Sartorius.

Belle épreuve.

109. La Chasse au renard. Suite de quatre pièces gravées par Sutherland, d'après H. Alken, 1818.

Très belles épreuves en couleurs. Grandes marges.

110. Morning a few of the Right sort going to do the thing. — The Right sort daving almost done the thing. — Some of the right sort doing the thing well. Suite de trois lithographies originales de H. Alken. In-4 en larg.

Très belles épreuves coloriées. Grandes marges.

111. Chevaux de course et de trait. Suite de quatre pièces par Alken et Sutherland, d'après H. Alken.

Très belles épreuves en couleur. Petites marges.

SPORTS (Pièces sur les)

112. The Royal mails departure from the géneral Post office. London, in-fol. par R. G. Reeves, d'après J. Pollard.

Epreuve en couleur.

113. West Country Mails at the Gloucester Coffee House, Piccadilly, par C. Rosenberg, d'après J. Pollard. Gr. in-fol.

Belle épreuve coloriée. Grandes marges.

114. Going to Cover. — Going to the Moors. Deux pièces faisant pendants, gravées par J. Harris, d'après C. C. Henderson. *Fores's Sporting trap*, in-fol. en larg.

Belles épreuves coloriées. Grandes marges.

115. Autumn. — Summer. Deux pièces faisant pendants, gravées par C. R. Stock, d'après W. J. Shayer. In-fol. en larg.

Belles épreuves coloriées. Grandes marges.

116. En route pour la Chasse, par J. Harris, d'après E. Guérard. In-fol.

Belle épreuve en couleurs. Grandes marges.

117. Lady Hampton, par Chas Hunt d'après G. F. Herring. In-fol. 1842.

Belle épreuve coloriée. Grandes marges.

SPORTS (Pièces sur les)

118. Flooded. — Stuck Fast. Deux pièces faisant pendants, gravées par J. Harris, d'après C. C. Benderson. *Fores's Coaching incidents.* In-fol. en larg.

Belles épreuves coloriées. Grandes marges.

119. The last Change down, par J. Harris, d'après W. J. Shayer. In-fol.

Belle épreuve coloriée. Grandes marges.

120. Changing Horses. In-fol. en larg.

Belle épreuve coloriée. Grandes marges.

121. *Chevaux de selle et d'attelage.* Nizam. — Chevaux en liberté. — Le Pansage. Trois lithographies par Bargue et Emile Lassalle, d'après Alfred de Dreux, In-fol.

Belles épreuves coloriées. Grandes marges.

122. *Chevaux de selle et d'atielage.* Bounty. — Falstaff. — Les débuts d'un Jockey. Trois lithographies par Bargue et Emile Lassale. In-fol.

Belles épreuves en noir. Grandes marges.

TAUNAY (d'après)

123. La Foire de Village, par Descourtis.

Superbe épreuve imprimée en couleurs. Sans marges. Cadre Ancien en bois sculpté et doré.

VERNET (d'après J.)

124. Le Port Neuf, ou l'Arsenal de Toulon. — Le Port Vieux de Toulon. Deux pièces in-fol. en larg.

Epreuves encadrées.

VIDAL

125. La Cuisinière Française. — Le Malin Cuisinier. Deux pièces in-4 en larg., d'après Cottibert et Gazard.

Très belles épreuves. Marges.

WATTEAU (d'après Ant.)

126. Diane au bain, par P. Aveline (36).

Très belle épreuve. Marges.

127. La Troupe Italienne en Vacance, par P. M. (Mercier) (72).

Très belle épreuve. Marges.

WESTALL (d'après R.)

128. Faneurs pendant l'orage, par C. Knight. In-fol.

Très belle épreuve, imprimée en couleurs.

129. Portraits français, anglais et américains, Estampes des Ecoles françaises et hollandaises, Vignettes, etc. Trois cents pièces seront vendues par lots.

GRANDE IMPRIMERIE DU CENTRE. — HERBIN, MONTLUÇON

www.ingramcontent.com/pod-product-compliance
Ingram Content Group UK Ltd.
Pitfield, Milton Keynes, MK11 3LW, UK
UKHW022142260726
13993UKWH00005B/2107